Men With ABS

My protein shake brings
the boys to the yard. .

10:45

4121
CATERPY

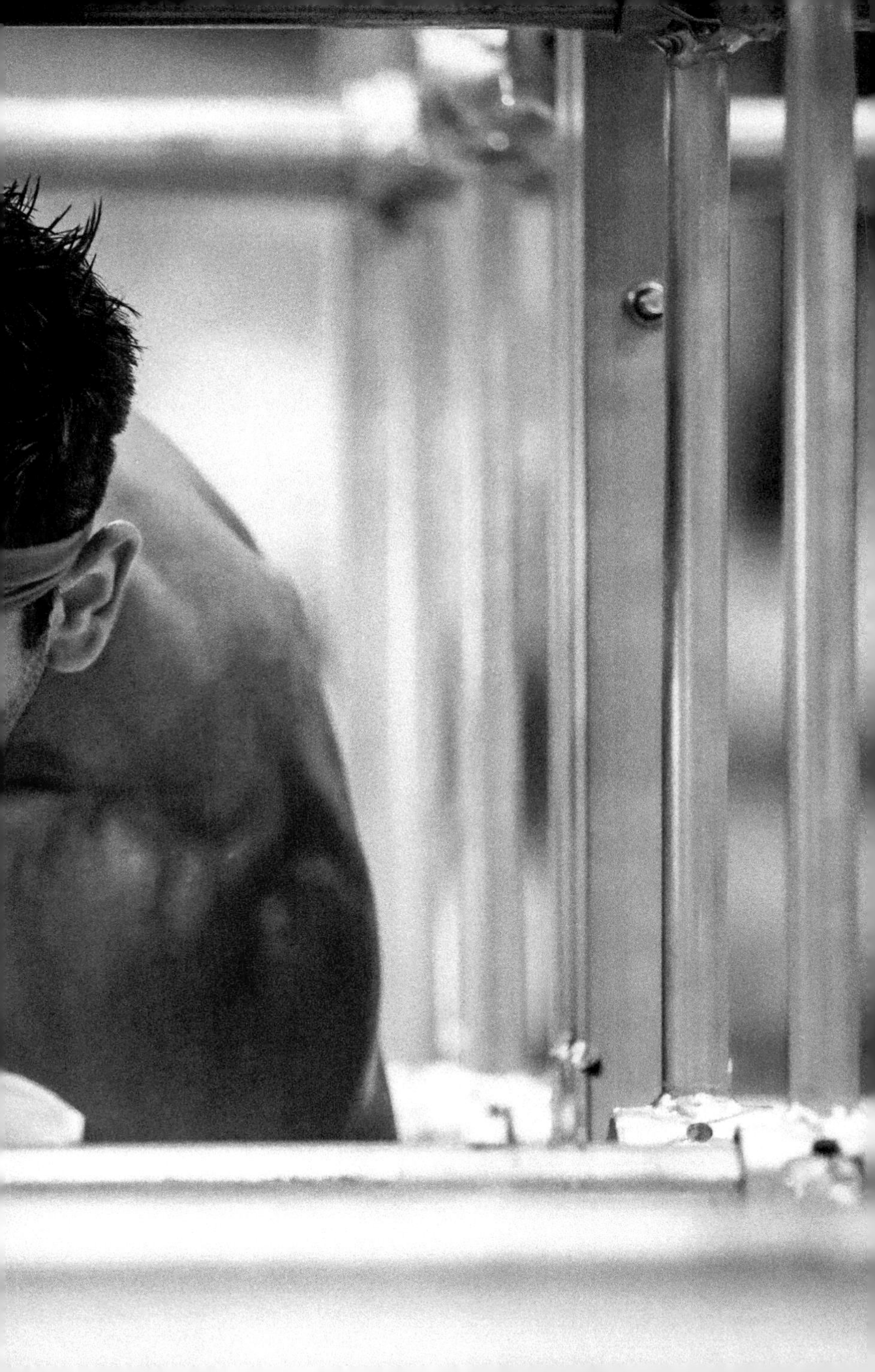

ZENSAH

425

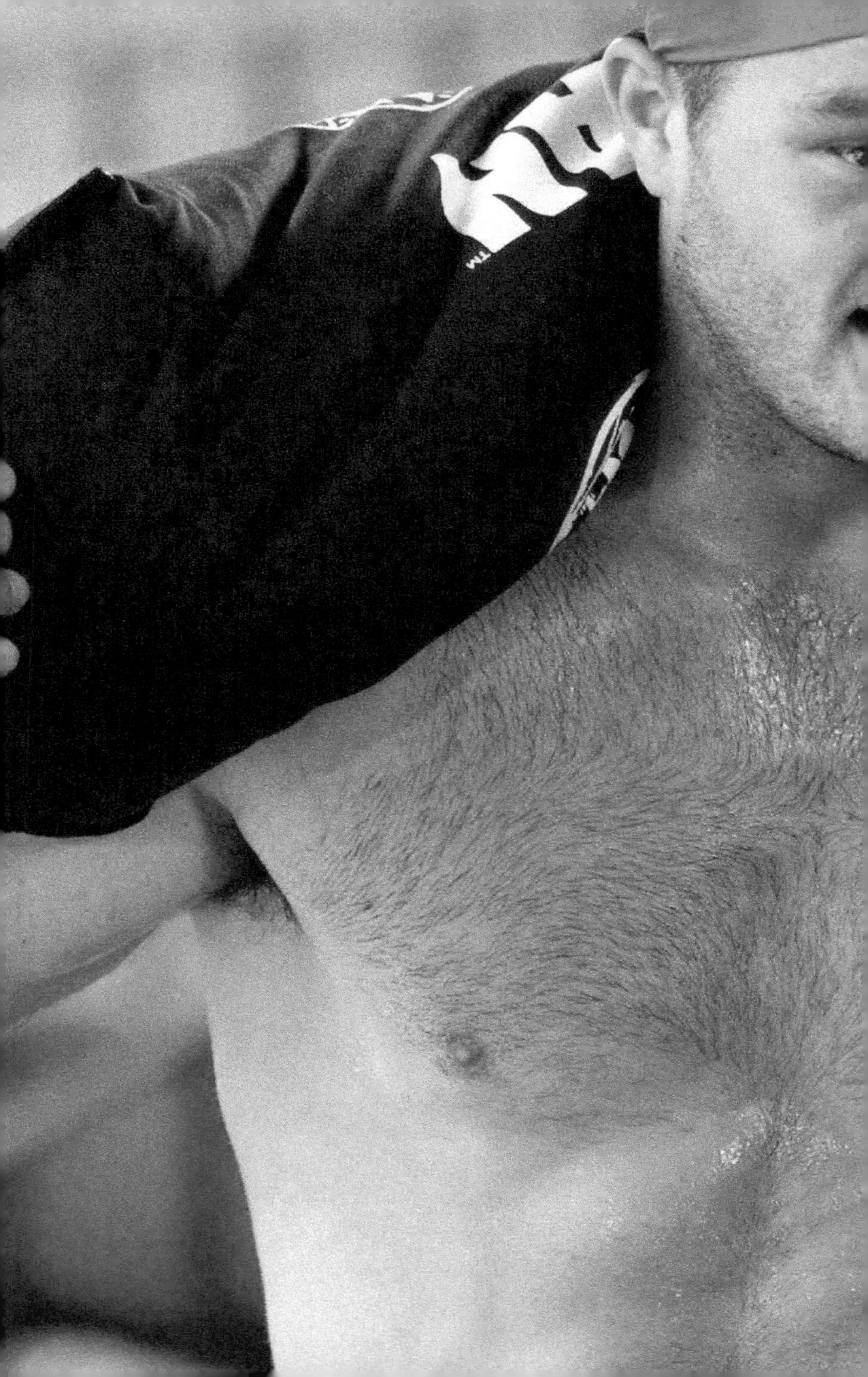

304

SP
CATERPY.

6
7
8
9
10
11
12

SPARTAN
SPARTAN
4121
FITAID

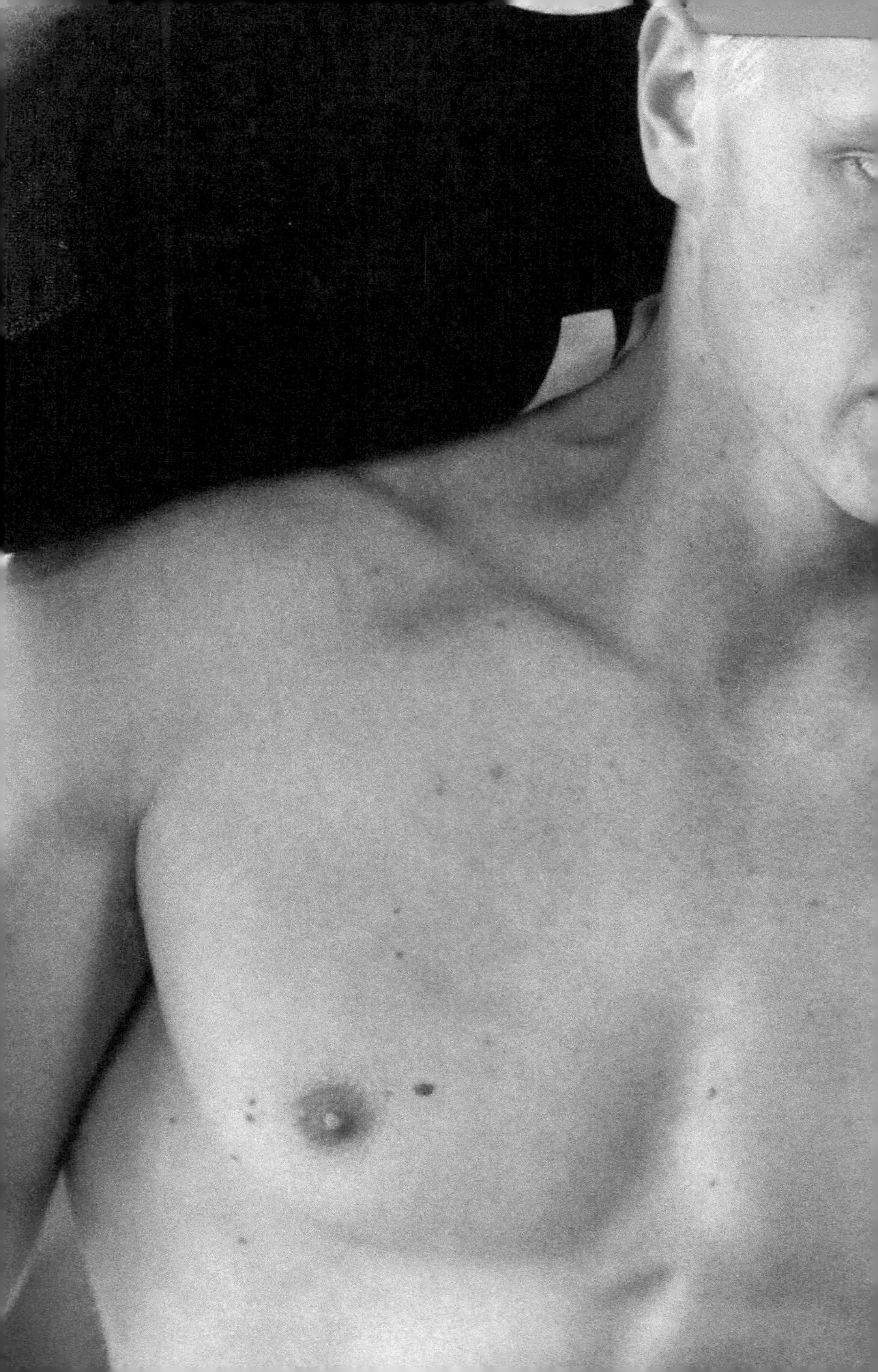

TM

SPARTAN

Rakuten
Rakuten

FITAID
CATERPY

6
5

SPARTAN
795
2 April 2010

CATERPY.
FITAID

11
12
13

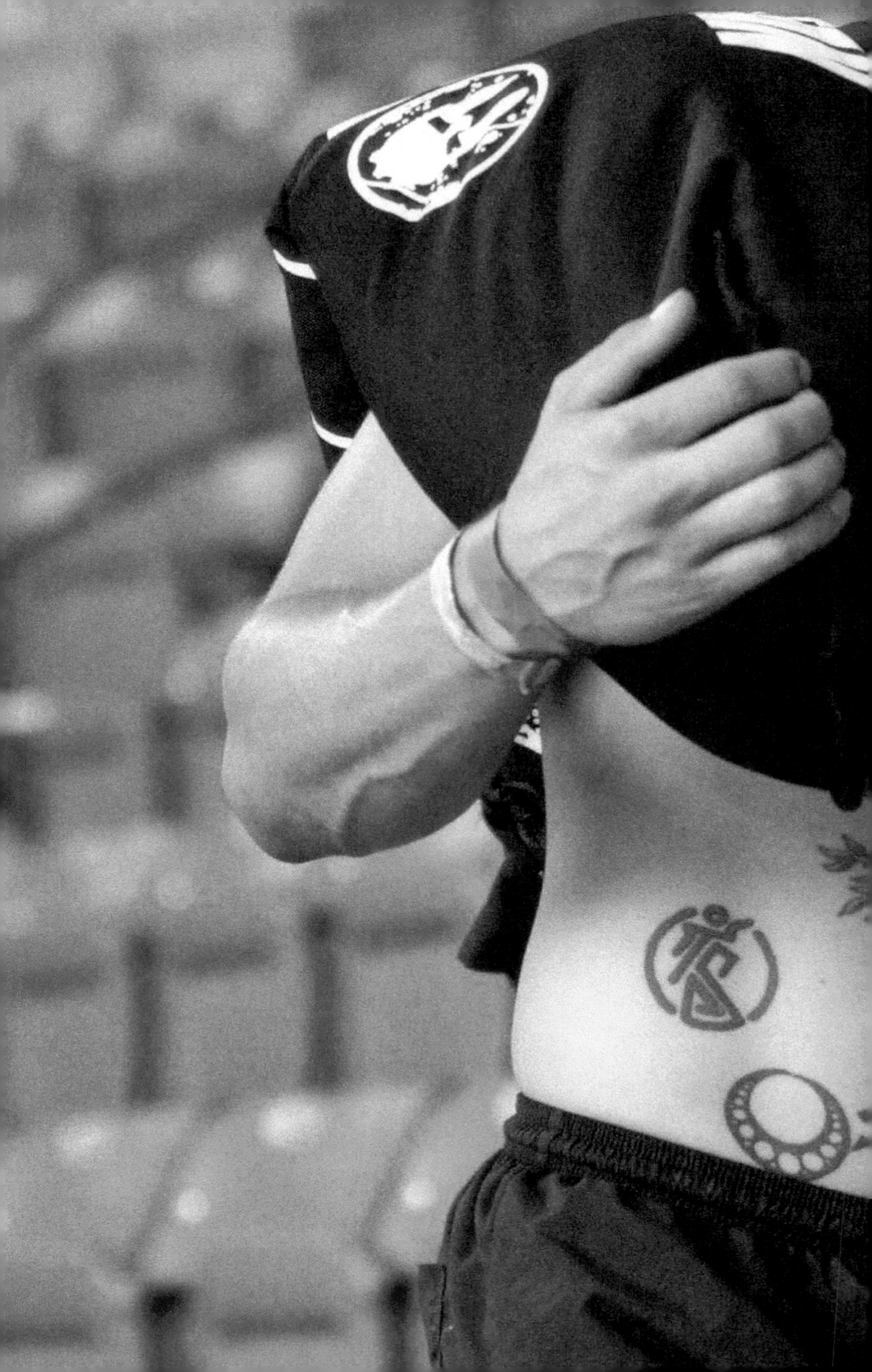

RELENTLESS

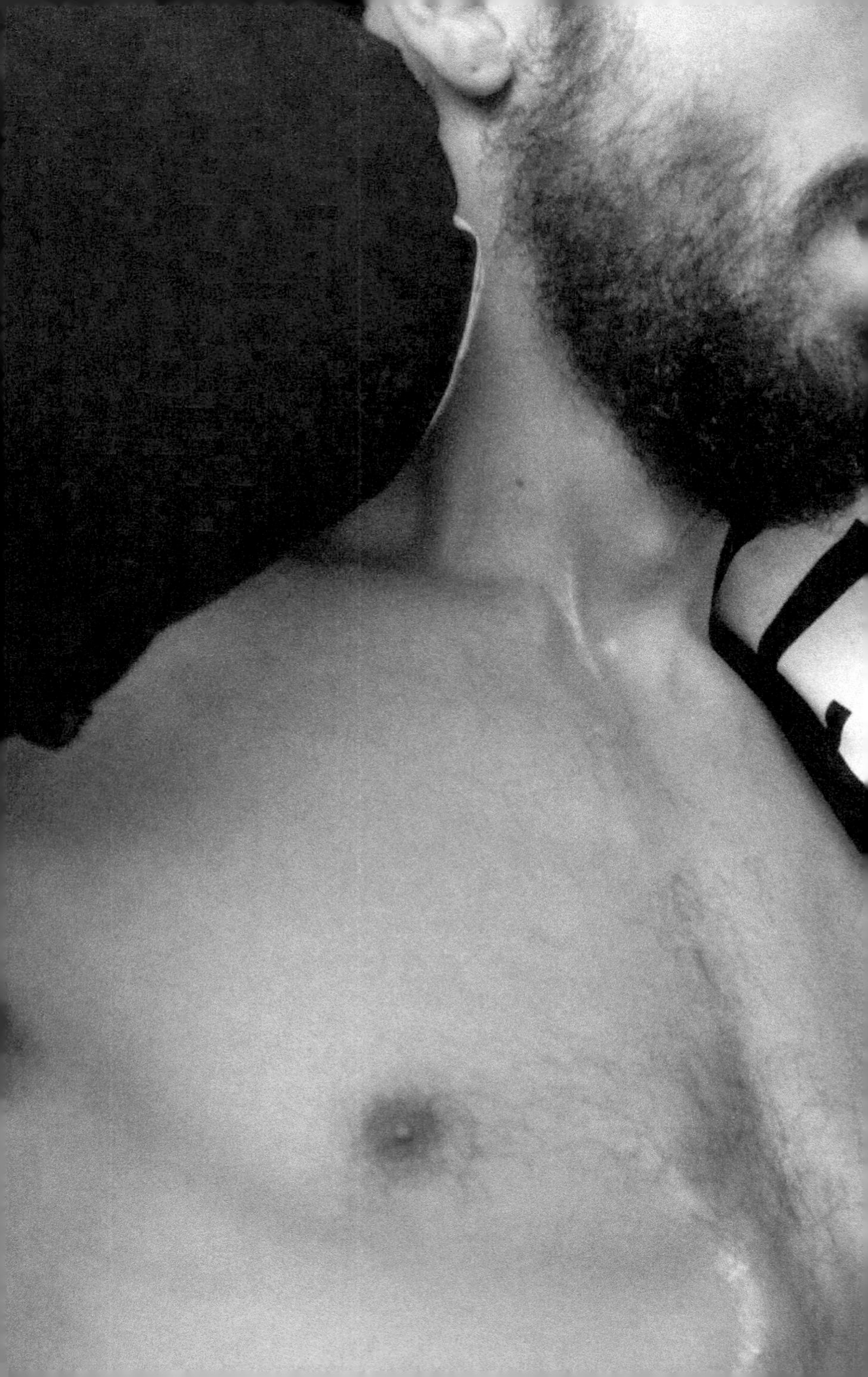

CRAFT

FITAID

4439

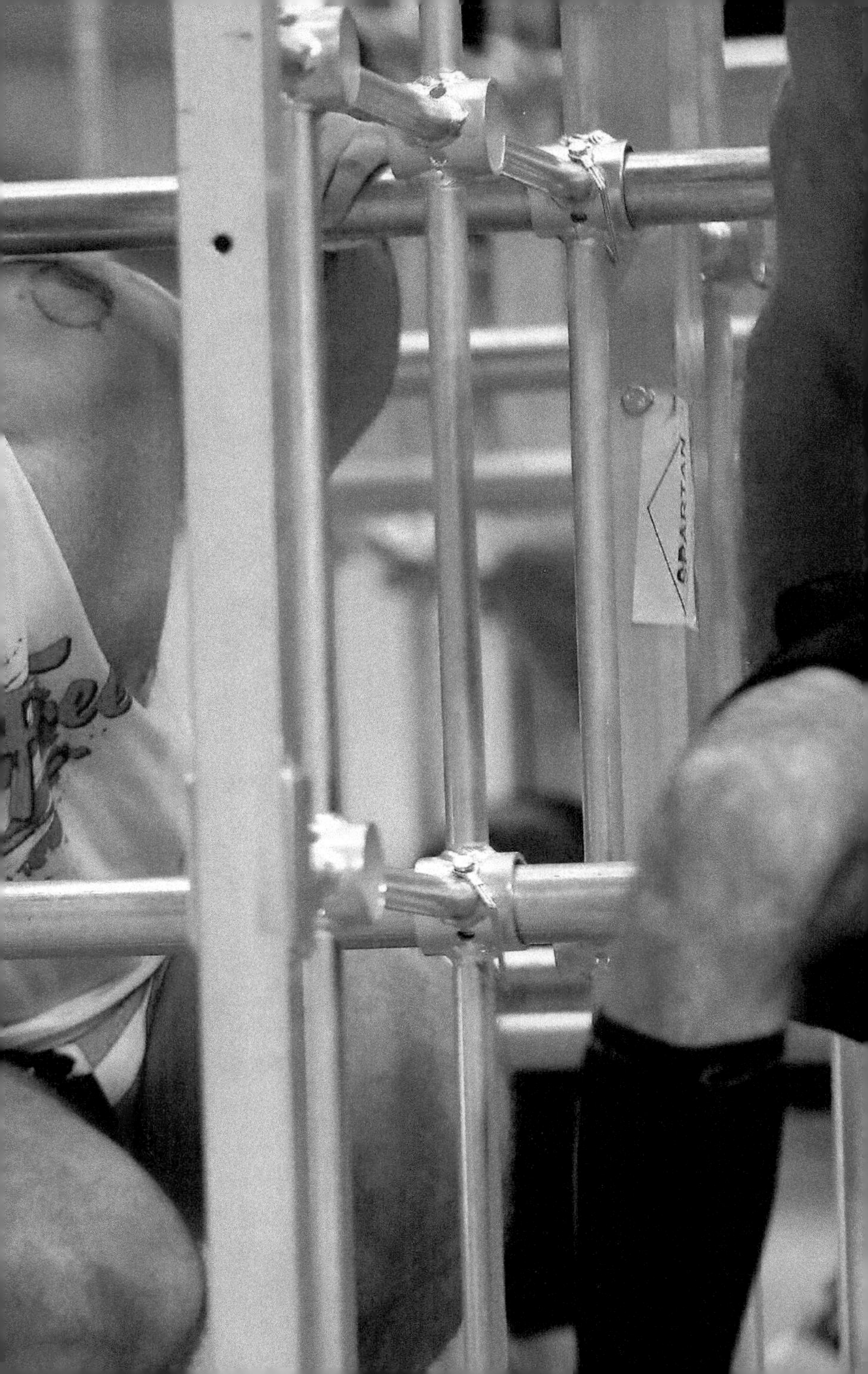
SPARTAN

K

TERPY

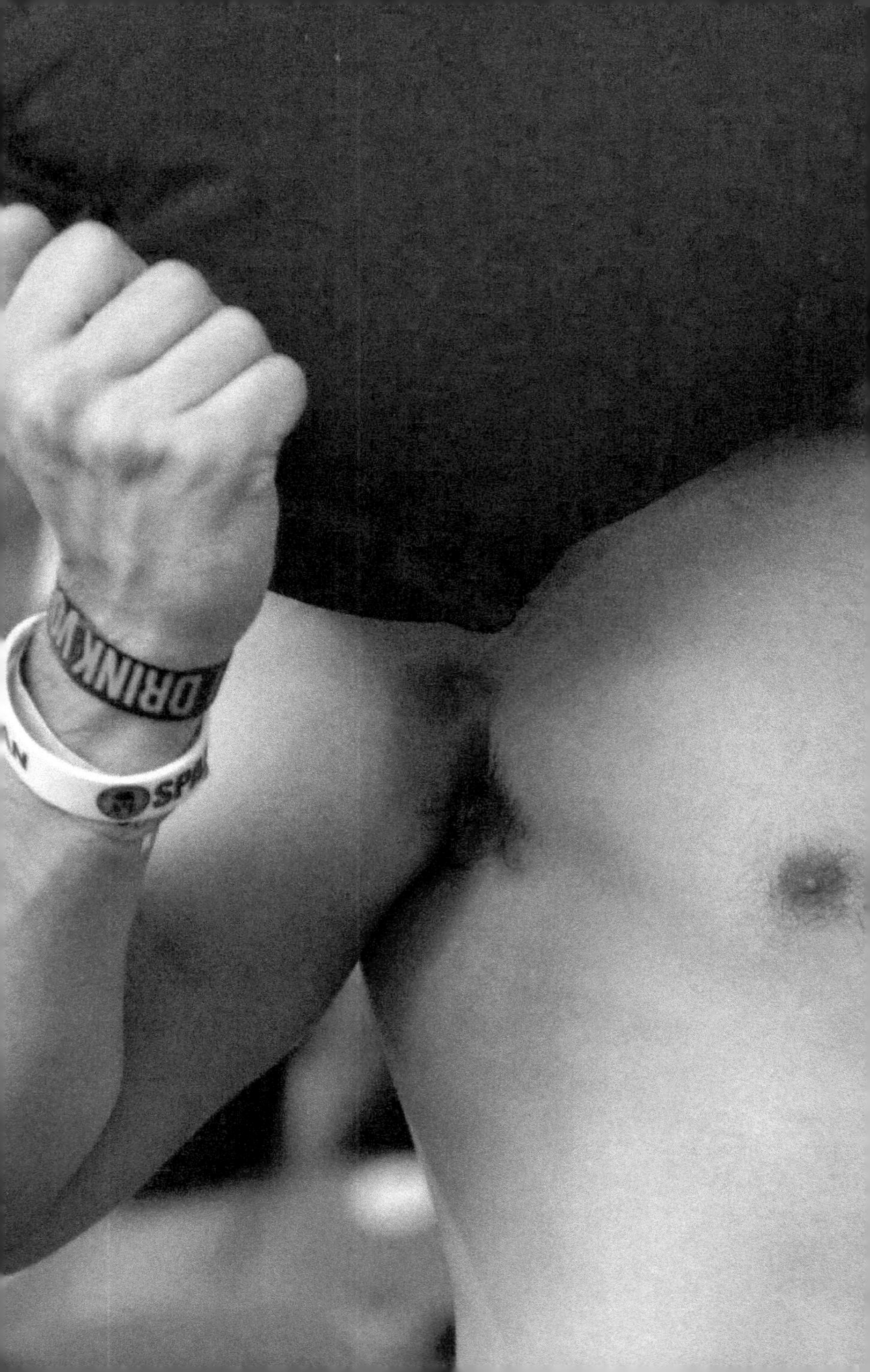
DRINK

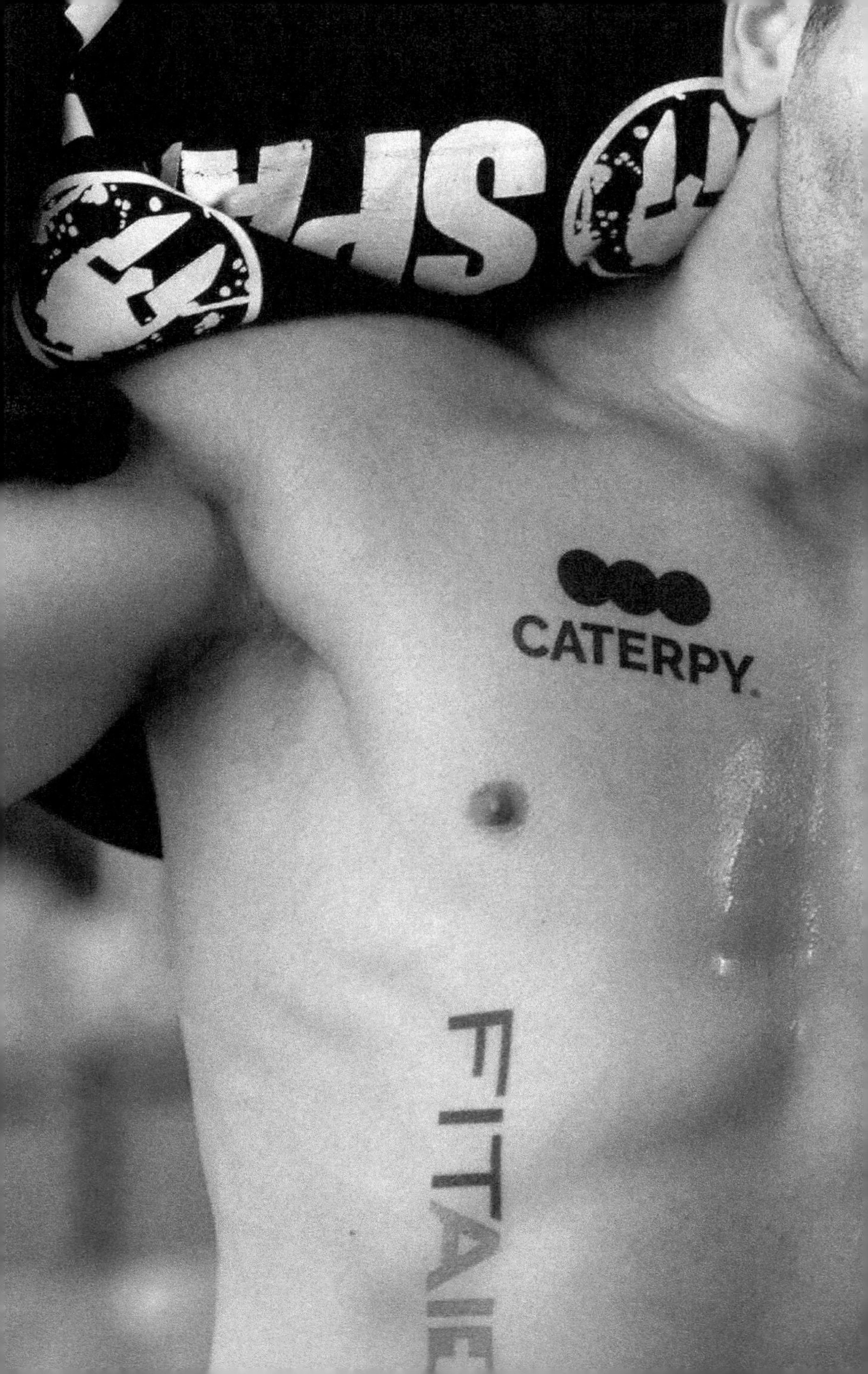
CATERPY.

Cigna
SAFEWAY
COX
SPARTAN
SPARTAN
4008
STADION
SPARTAN / 2019

SPARTAN
SPARTAN / 2019
SPARTAN STADION
2019

REDZONE

FINIS
2019

SPARTAN
4145

SPARTA

SPARTAN
SPARTAN
SPARTAN
11:45 AM

SPARTAN / 2019
SPARTAN

COX

SPARTAN / 2019
REDZONE

5473

SPARTAN
SPARTAN
SPARTAN
SPARTAN
SPARTAN

CPSIA information can be obtained
at www.ICGtesting.com
Printed in the USA
BVHW091305270619
552120BV00016B/519/P

9 780368 978012